어린이&어른 두뇌 트레이닝
신나는 숨은 그림찾기

어린이&어른 두뇌 트레이닝 신나는 숨은 그림 찾기

ⓒ 도서출판 창, 2021

2021년 1월 2일 1쇄 인쇄
2025년 2월 25일 5쇄 발행

기획 | 미래두뇌계발연구부
감수 | 강주현
펴낸이 | 이규인
편집 | 최미라
펴낸곳 | 도서출판 창
등록번호 | 제15-454호
등록일자 | 2004년 3월 25일
주소 | 서울특별시 마포구 대흥로 4길 49, 1층(용강동 월명빌딩)
전화 | (02) 322-2686, 2687 팩시밀리 | (02) 326-3218
홈페이지 | http://www.changbook.co.kr
e-mail | changbook1@hanmail.net

ISBN 978-89-7453-448-6 (73650)

정가 12,000원

·이 책의 저작권은 〈도서출판 창〉에 있습니다. 저작권법에 의해 보호를 받는 저작물이므로 무단 전재와 복제를 금합니다.
·잘못 만들어진 책은 〈도서출판 창〉에서 바꾸어 드립니다.

어린이 & 어른
두뇌 트레이닝

신나는 숨은 그림 찾기

미래두뇌계발 연구부 기획

창
Chang Books

차례

1장 숨은 그림 찾기   5

2장 서로 다른 그림 찾기   47

3장 미로 찾기   89

4장 그림자 찾기·같은 그림 찾기   109

5장 두뇌 트레이닝   119

1장
숨은 그림 찾기

GREAT BRITAIN

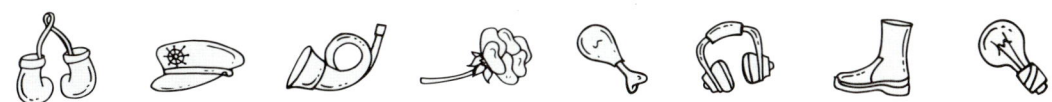

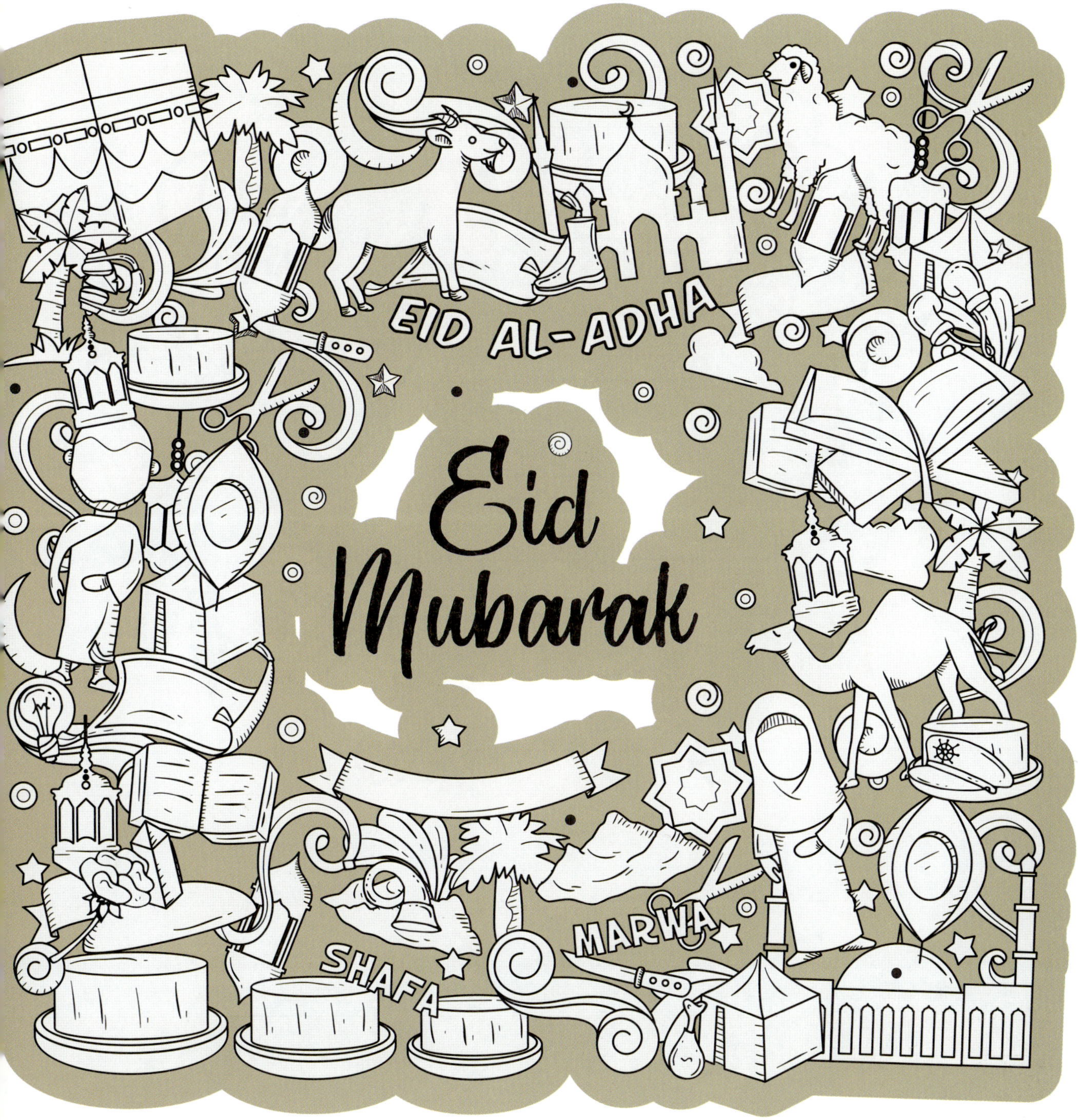

숨은 그림

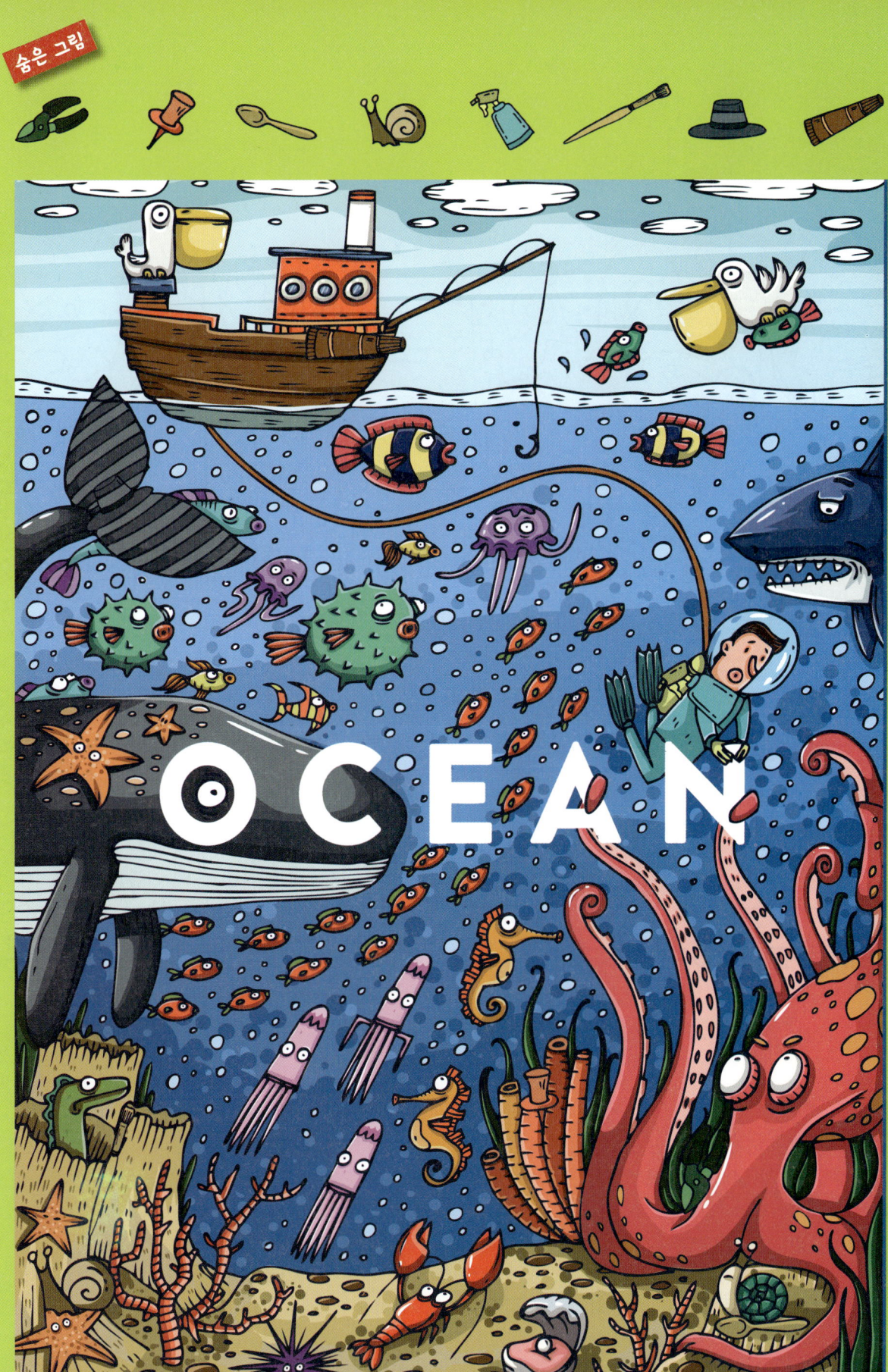

숨은 그림

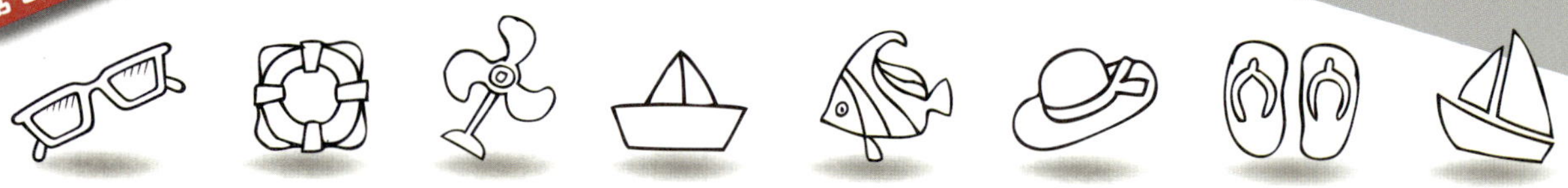

숨은 그림

숨은 그림 찾기 15

숨은 그림

FRANCE

숨은 그림 찾기 17

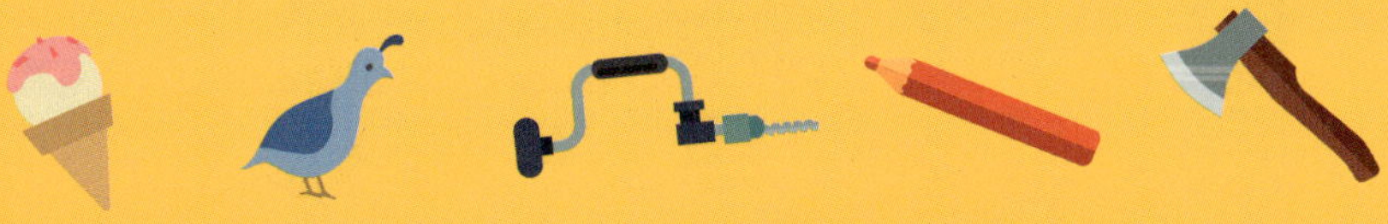

숨은 그림

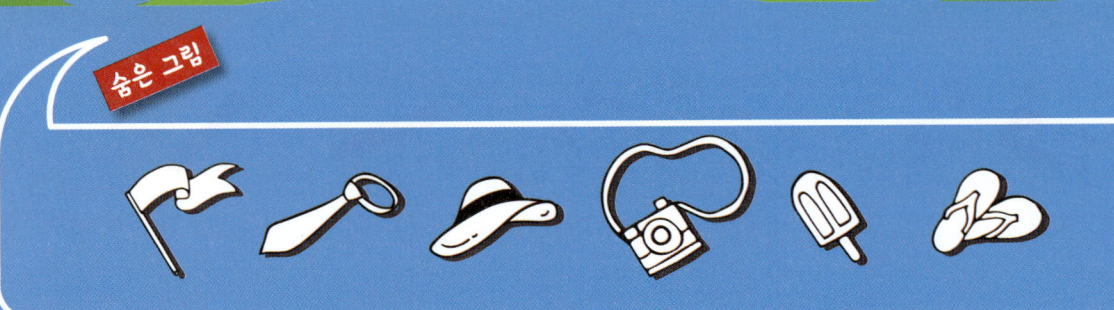

20 숨은 그림 찾기

24 숨은 그림 찾기

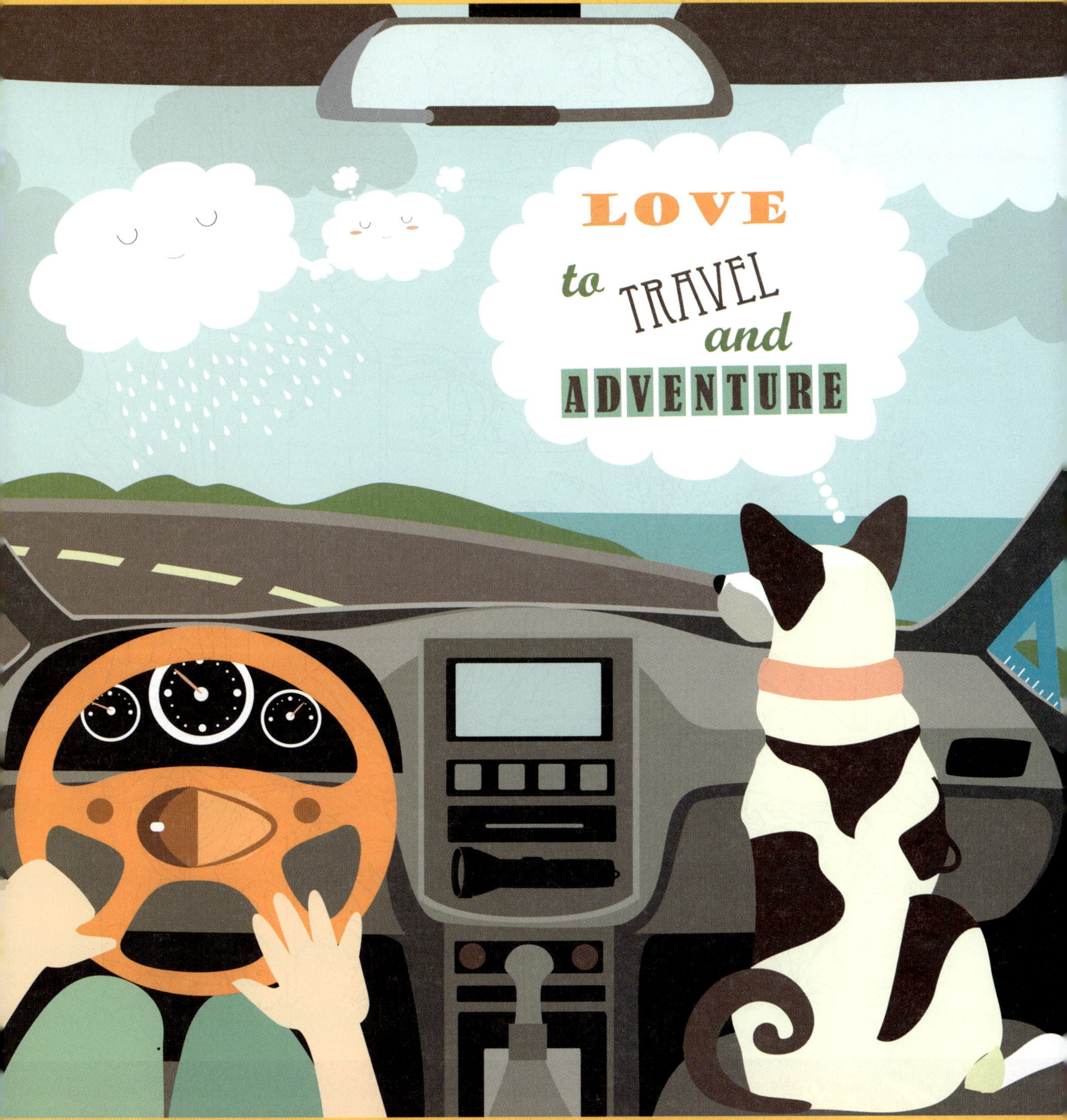
LOVE
to TRAVEL and
ADVENTURE

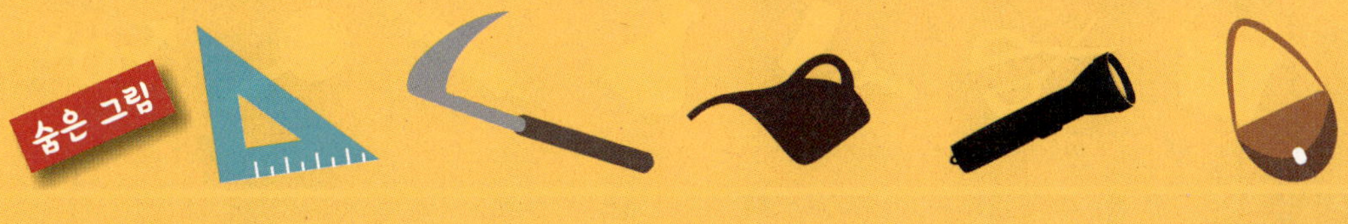
숨은 그림

Find a hidden picture

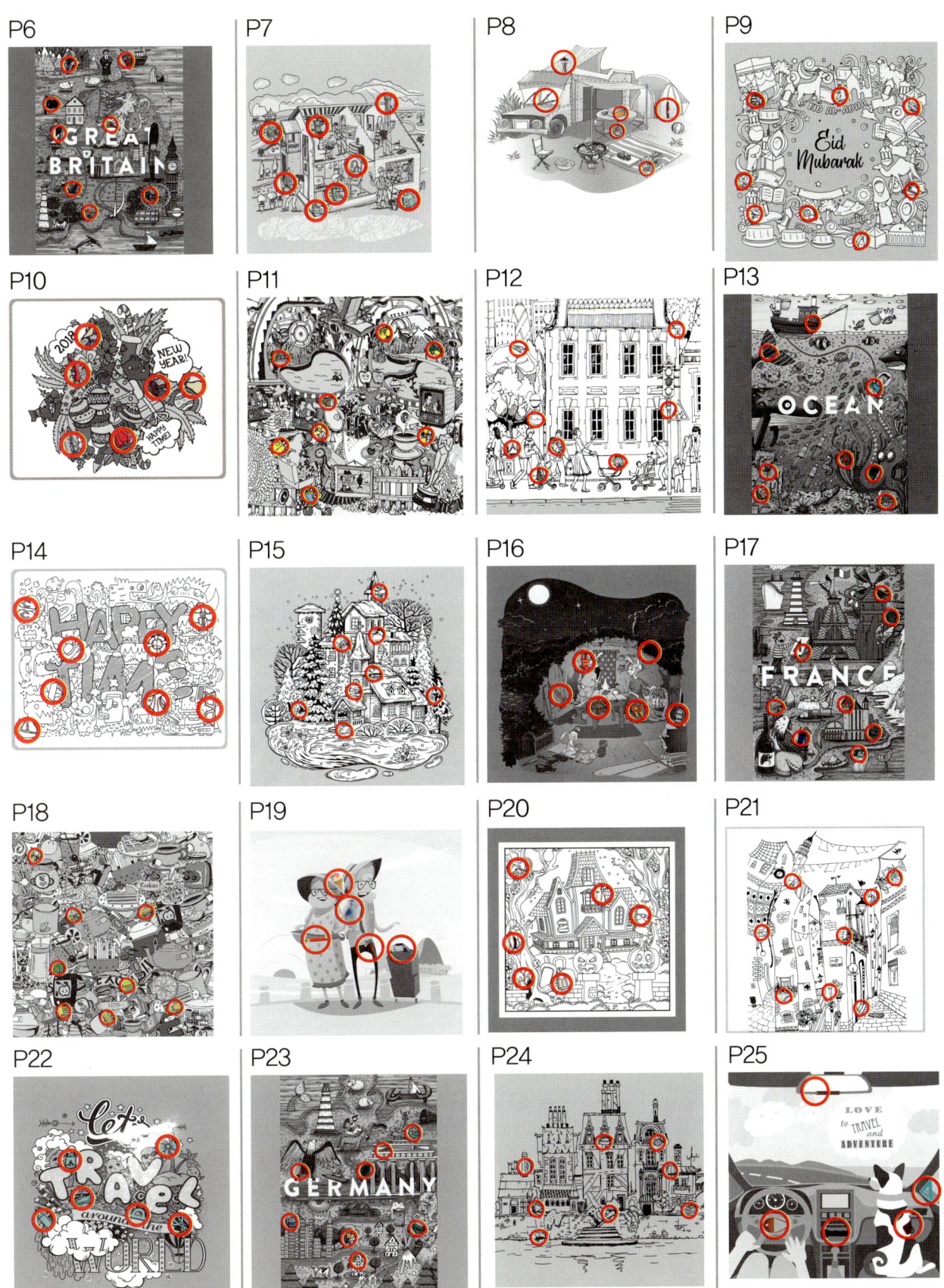

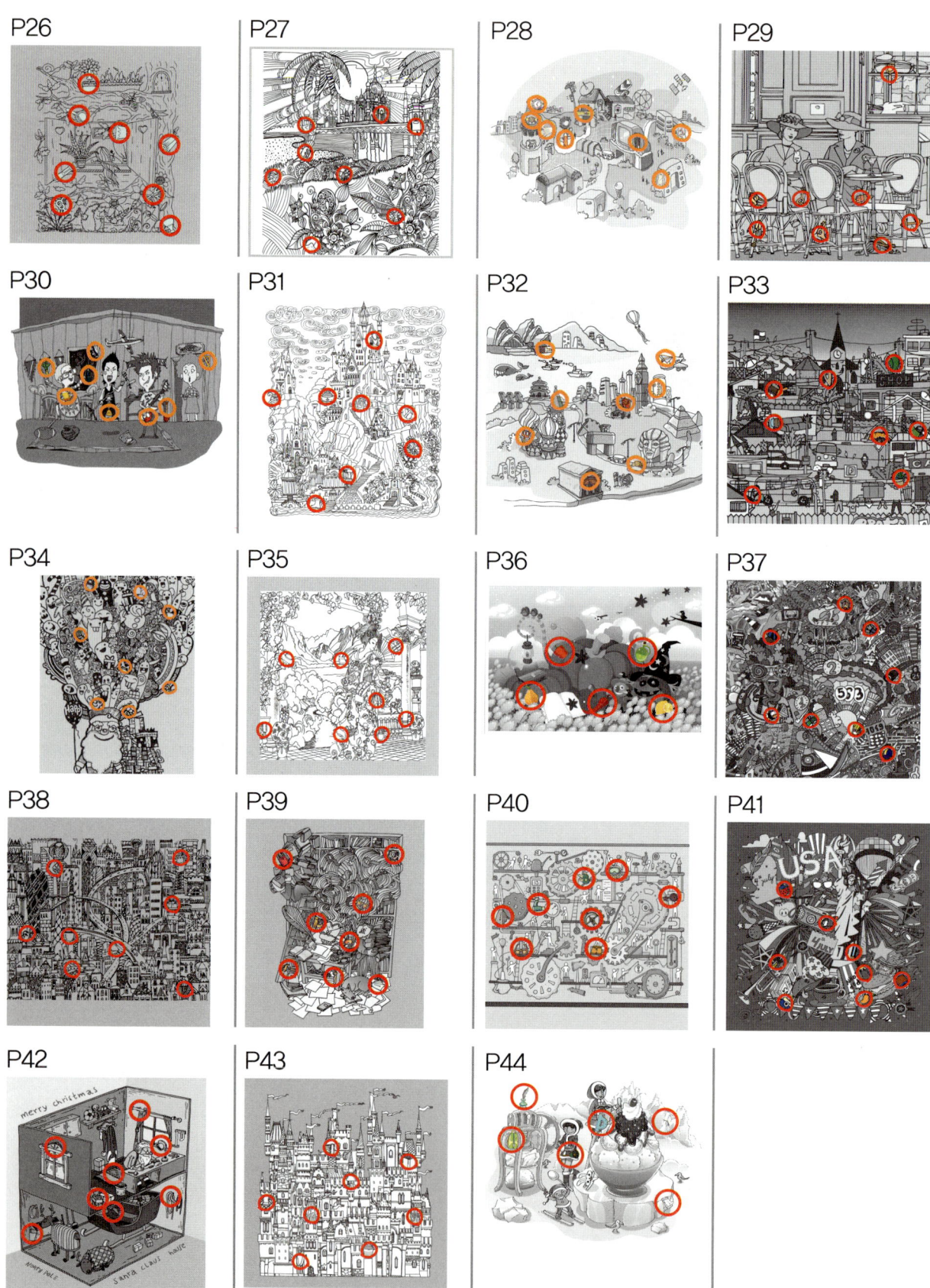

1장
서로 다른 그림 찾기

서로 다른 여덟 곳을 찾으시오.

서로 다른 여덟 곳을 찾으시오.

서로 다른 그림 찾기 49

서로 다른 다섯 곳을 찾으시오.

서로 다른 여덟 곳을 찾으시오.

서로 다른 여덟 곳을 찾으시오.

서로 다른 다섯 곳을 찾으시오.

서로 다른 여덟 곳을 찾으시오.

서로 다른 여섯 곳을 찾으시오.

서로 다른 여덟 곳을 찾으시오.

서로 다른 여덟 곳을 찾으시오.

서로 다른 여덟 곳을 찾으시오.

서로 다른 여섯 곳을 찾으시오.

서로 다른 **여섯** 곳을 찾으시오.

서로 다른 여덟 곳을 찾으시오.

서로 다른 여덟 곳을 찾으시오.

서로 다른 여덟 곳을 찾으시오.

서로 다른 여섯 곳을 찾으시오.

서로 다른 여덟 곳을 찾으시오.

서로 다른 여덟 곳을 찾으시오.

서로 다른 여섯 곳을 찾으시오.

서로 다른 다섯 곳을 찾으시오.

서로 다른 여덟 곳을 찾으시오.

서로 다른 여섯 곳을 찾으시오.

서로 다른 여덟 곳을 찾으시오.

서로 다른 여섯 곳을 찾으시오.

서로 다른 다섯 곳을 찾으시오.

서로 다른 여덟 곳을 찾으시오.

서로 다른 **여덟** 곳을 찾으시오.

서로 다른 여섯 곳을 찾으시오.

서로 다른 여섯 곳을 찾으시오.

서로 다른 여섯 곳을 찾으시오.

서로 다른 여덟 곳을 찾으시오.

서로 다른 여덟 곳을 찾으시오.

서로 다른 다섯 곳을 찾으시오.

서로 다른 여덟 곳을 찾으시오.

서로 다른 여덟 곳을 찾으시오.

서로 다른 다섯 곳을 찾으시오.

서로 다른 여덟 곳을 찾으시오.

서로 다른 여섯 곳을 찾으시오.

P48  P49  P50  P51

P52  P53  P54  P55

P56  P57 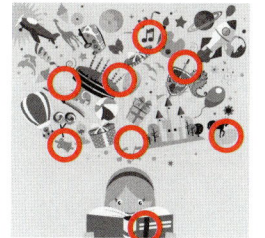 P58  P59

P60  P61  P62  P63

P64  P65  P66  P67

서로 다른 그림 찾기 87

P68 P69 P70 P71
P72 P73 P74 P75
P76 P77 P78 P79
P80 P81 P82 P83
P84 P85 P86

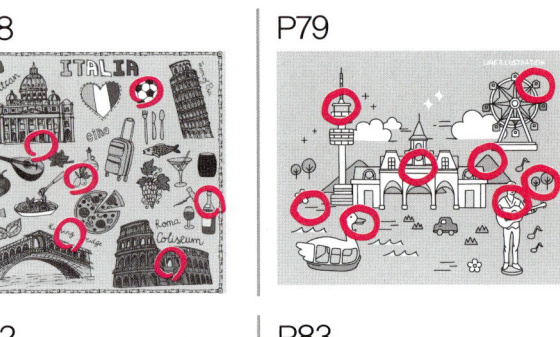
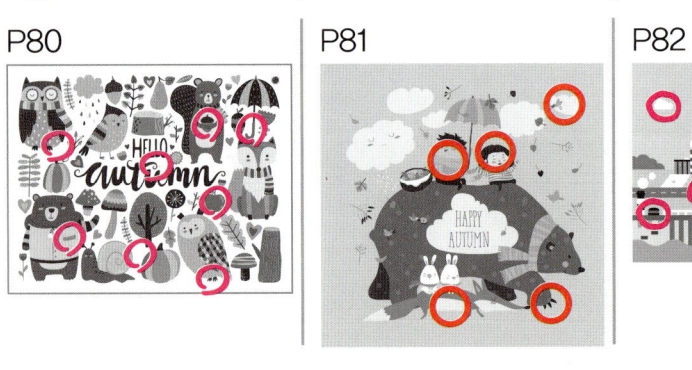
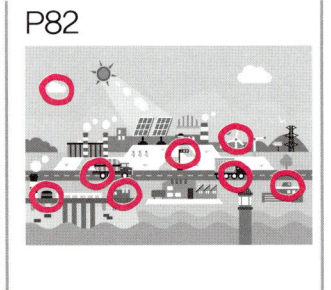

88 서로 다른 그림 찾기

3장
미로 찾기

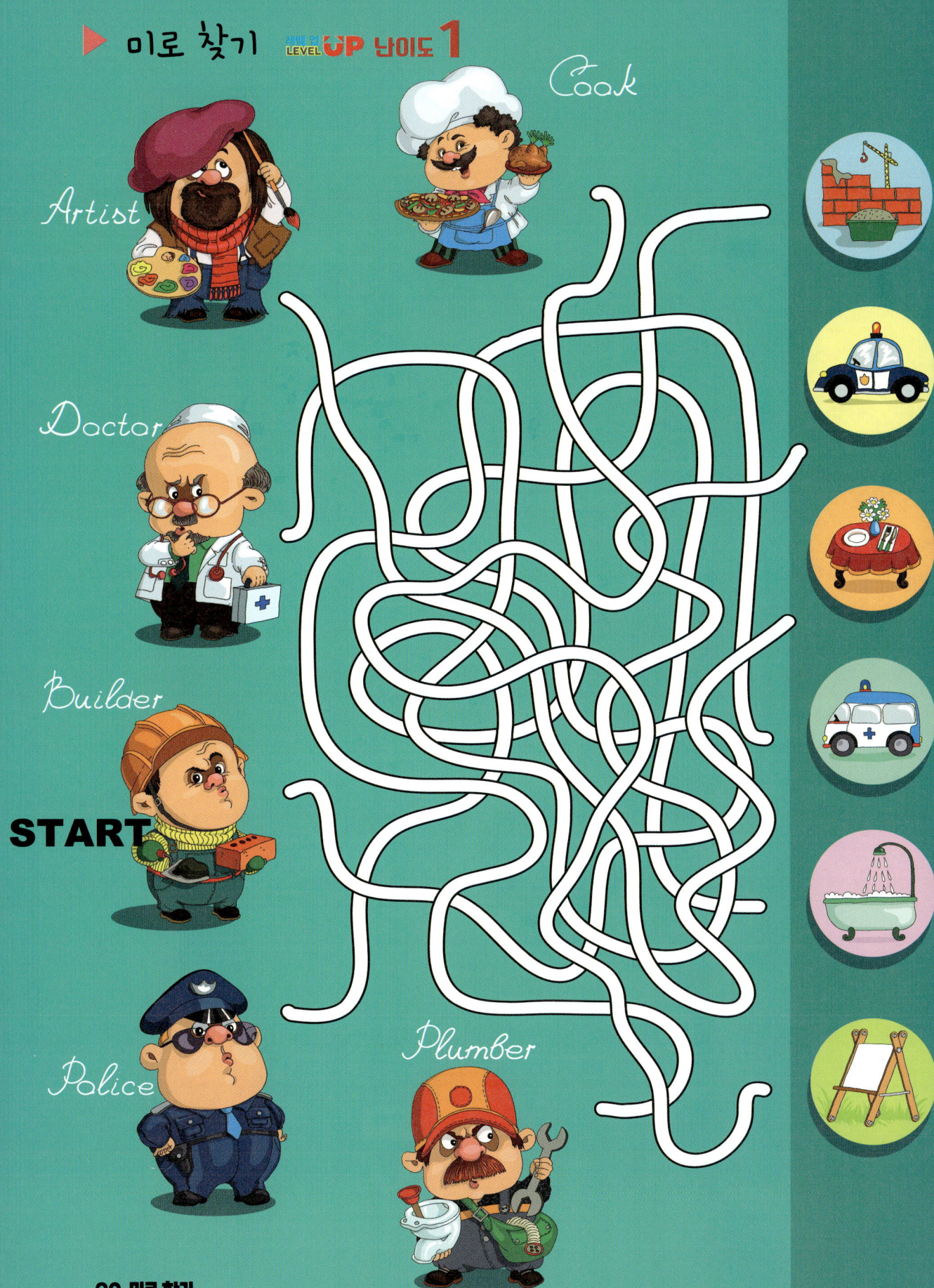

MAZE GAME

미로 찾기 95

LET'S PLAY!
각각의 행성이 오고갈 수 있도록 길을 만들어주세요.

MAZE GAME

100 미로 찾기

미로 찾기 101

LET'S PLAY!
보물을 차지하기 위해 배가 가야 할 길은 어디일까요?

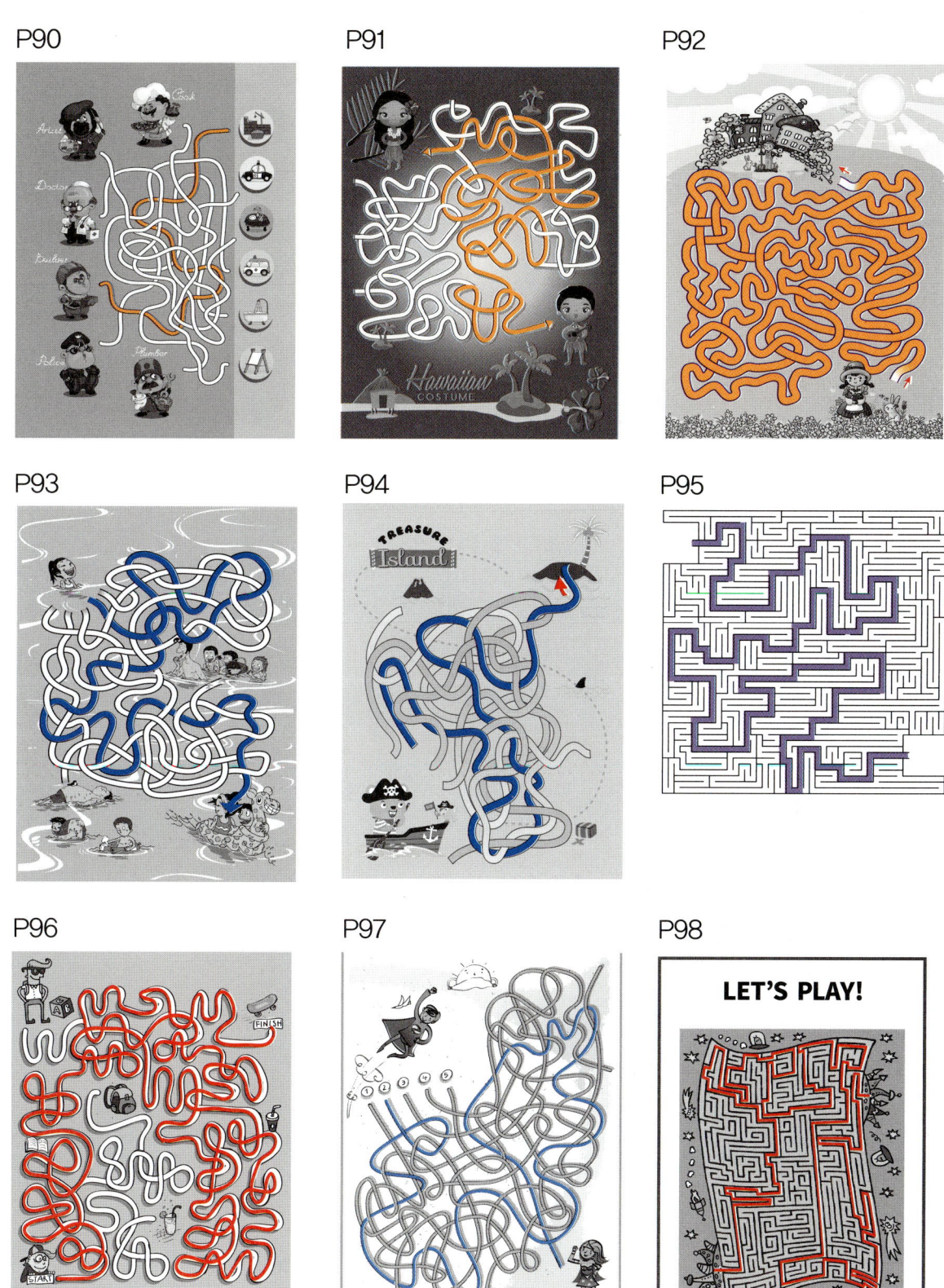

P99
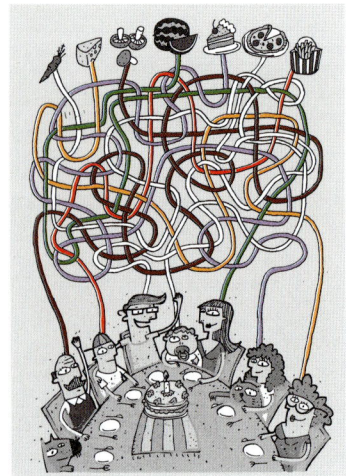

P100

P101
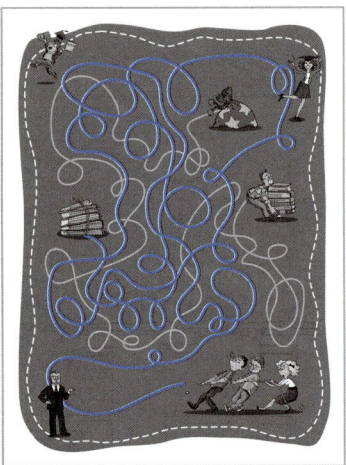

P102

P103

P104

P105

P106

108 미로 찾기

4장
그림자 찾기
같은 그림 찾기

P1110

P111

P112

P113

P114

P115

P116

P117

5장
두뇌 트레이닝

그림과 같이 점선대로 종이를 접어요.

종이에서 빗금 친 부분을 잘라내고 남은 부분을 펼치면 어떤 도형이 될까요?

잘라낸 부분을 빗금으로 그려 넣으세요.

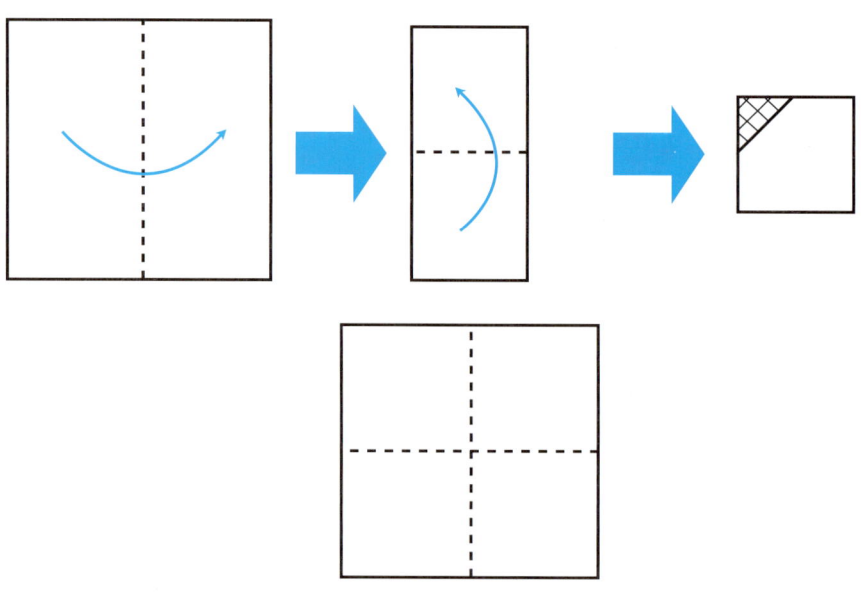

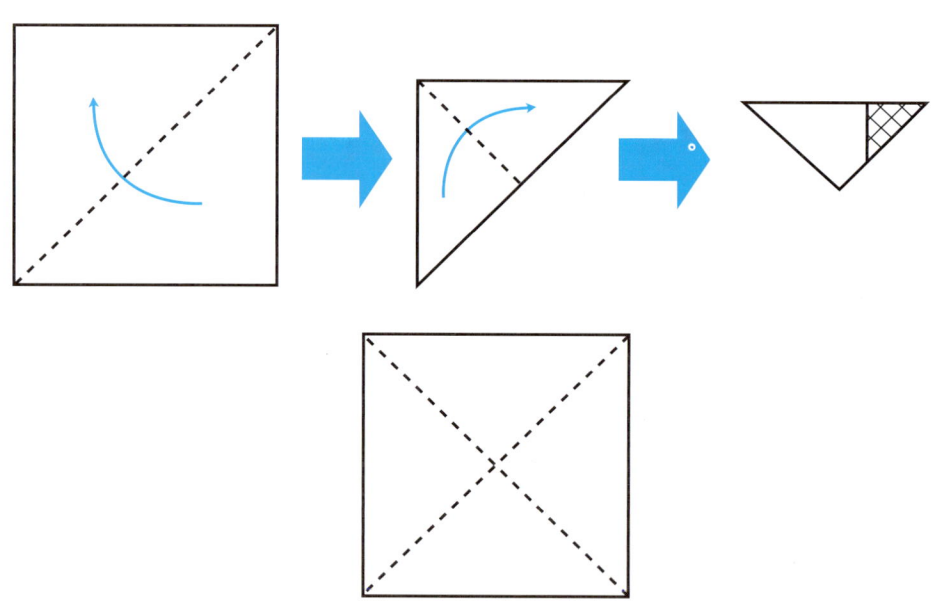

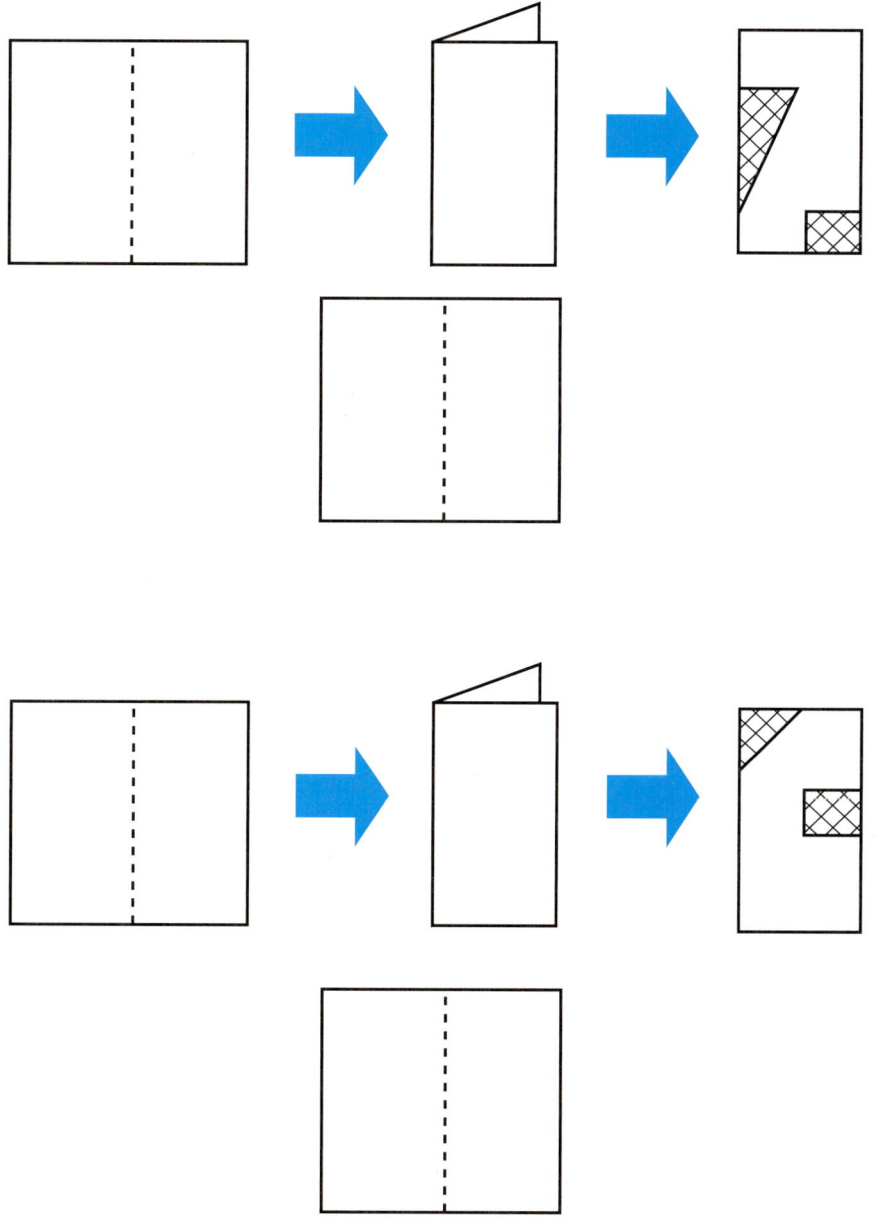

두뇌 트레이닝 121

위에서 본 모양을 그려보아요.

왼쪽의 입체는 쌓기나무를 쌓아 올려서 만든 것입니다.
위에서 봤을 때의 모양을 그려주세요.

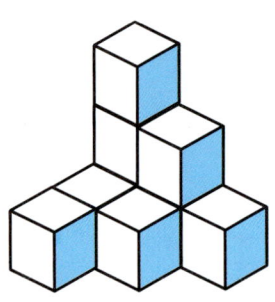

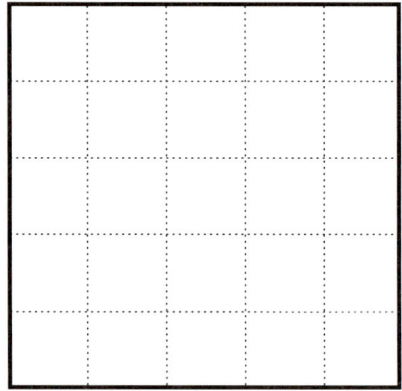

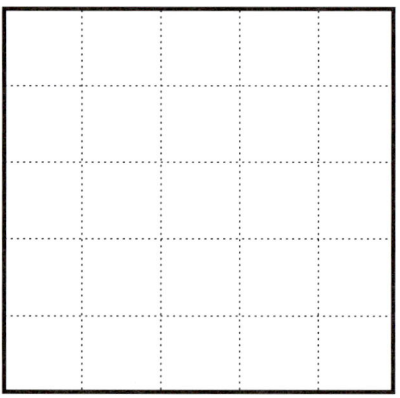

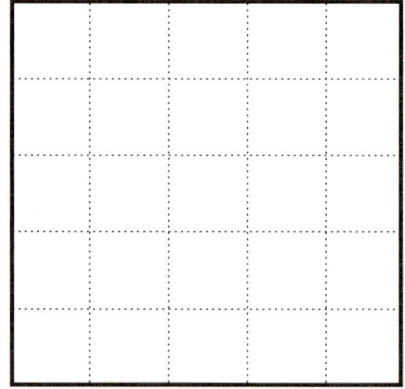

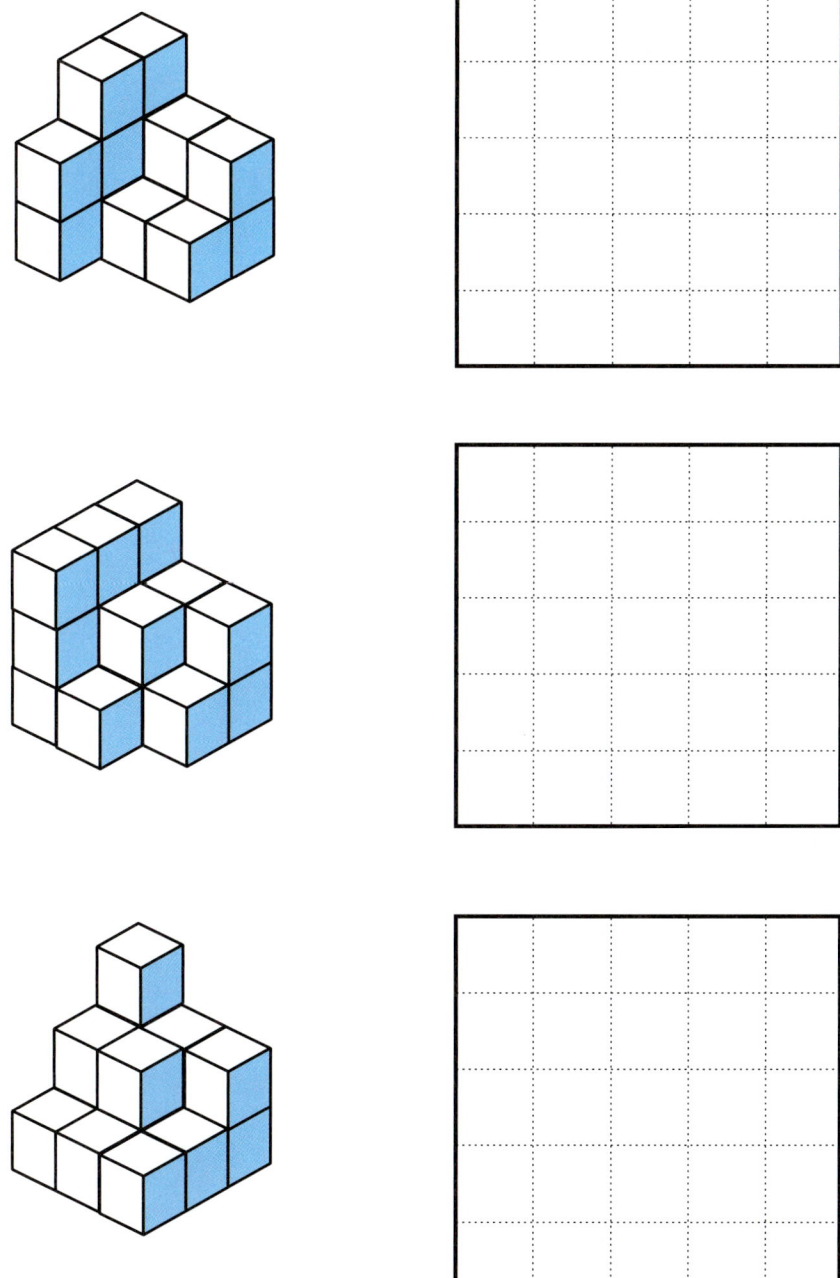

쌓기나무는 몇 개일까?
(복잡한 형태는 머릿속에서 헤아리기 쉬운 형태로 쌓기나무를 움직여서 헤아려보자.)

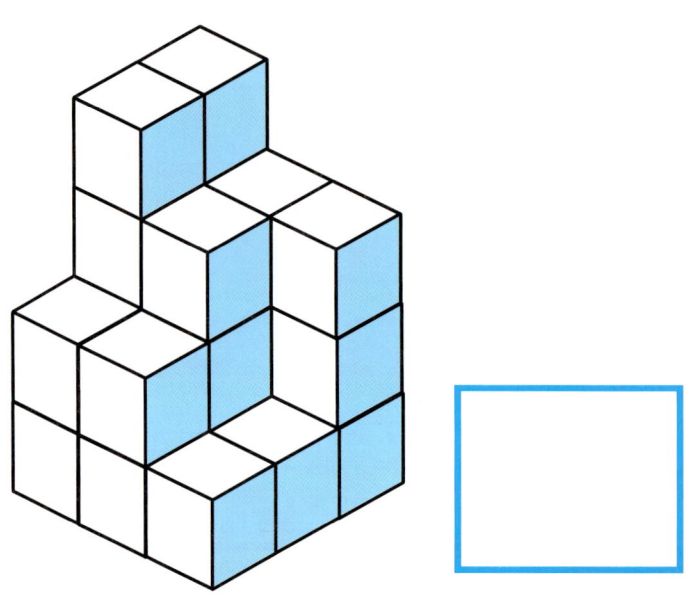

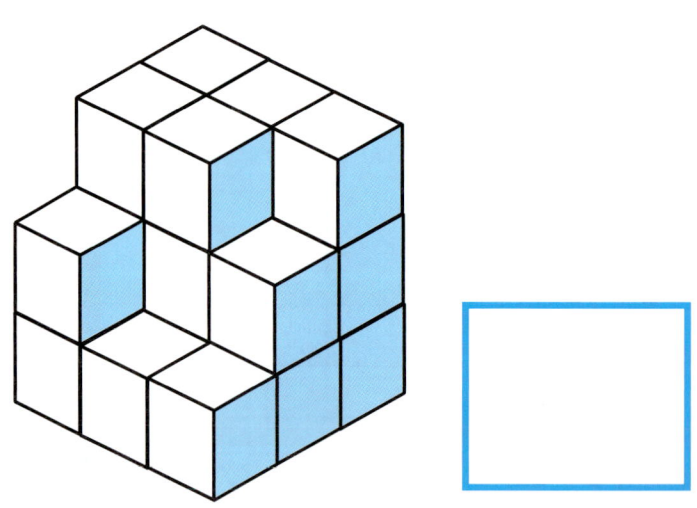

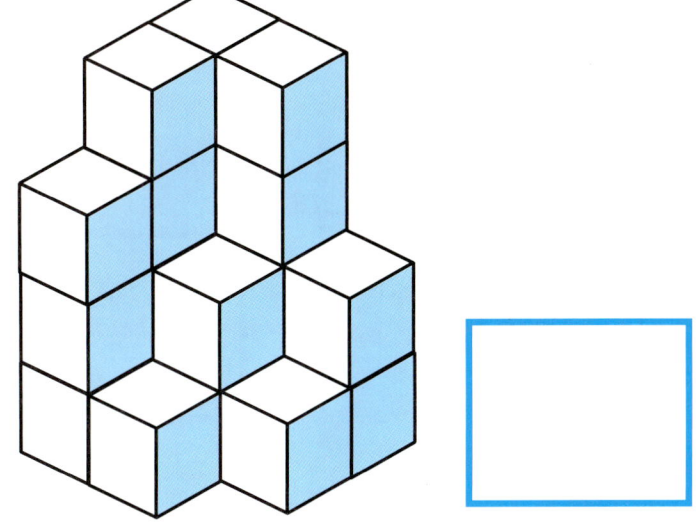

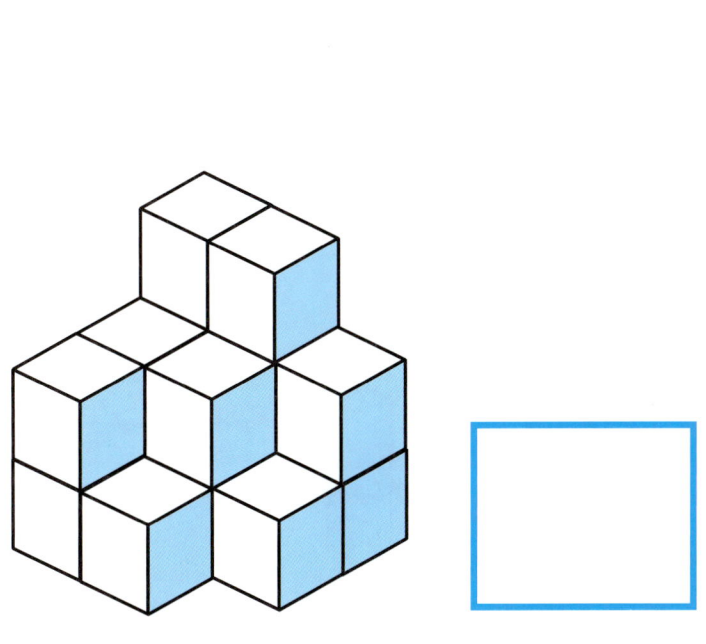

두뇌 트레이닝 125

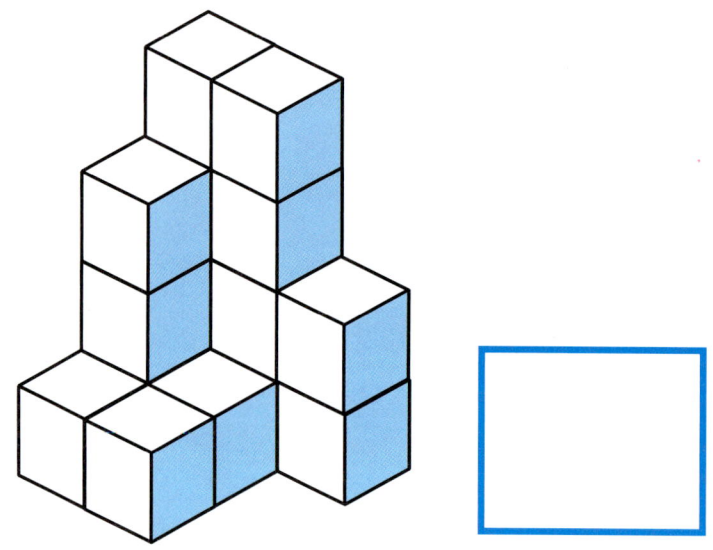

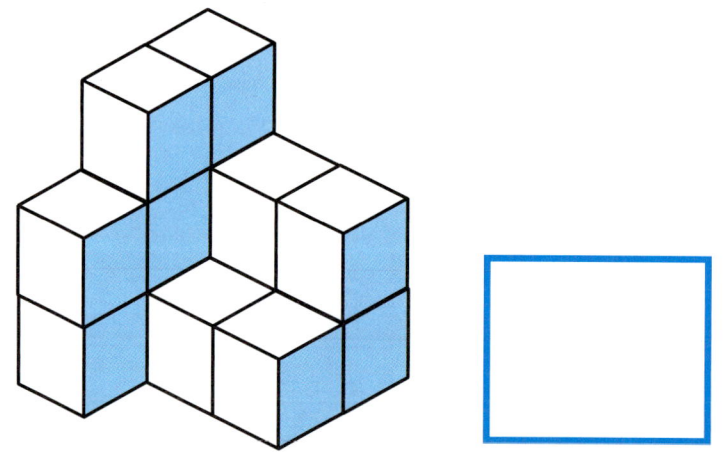

다음 규칙에 따라서 그림을 블록으로 나누어보아요.

규칙
❶ 전체를 10개의 블록(덩어리)으로 나눕니다.
❷ 하나의 블록에는 1~6까지의 숫자가 하나씩 포함돼야 합니다.
❸ 블록은 변끼리 접해 있으면 어떤 형태가 되든 상관없습니다.

6	6	4	5	5	4	6	3	2	1
1	2	1	3	6	4	3	3	5	1
5	5	2	2	2	1	2	3	4	2
3	3	3	2	4	5	1	4	4	6
4	4	1	5	3	5	6	5	5	1
1	6	6	1	2	4	6	6	3	2

P1120

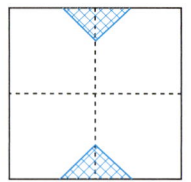

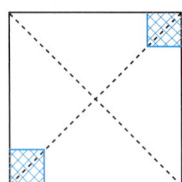

P121

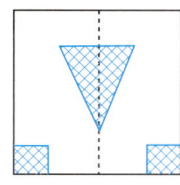

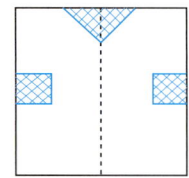

P122

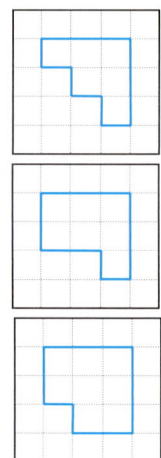

P123

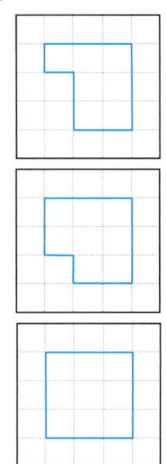

P124

- 23
- 21

P125

- 21
- 16

P126

- 16
- 14

P127

6	6	4	5	5	4	6	3	2	1
1	2	1	3	6	4	3	3	5	1
5	5	2	2	2	1	2	3	4	2
3	3	3	2	4	5	1	4	4	6
4	4	1	5	3	5	6	5	5	1
1	6	6	1	2	4	6	6	3	2